SITUATION

DE L'ALGÉRIE

DEPUIS LE 4 SEPTEMBRE 1870

PAR

F. LEBLANC DE PRÉBOIS

Ancien chef d'escadron d'État-major

ALGER

IMPRIMERIE DE L'ASSOCIATION OUVRIÈRE, V. AILLAUD ET Cⁱᵉ

OCTOBRE 1875

SITUATION

DE L'ALGÉRIE

DEPUIS LE 4 SEPTEMBRE 1870

La question algérienne a été l'objet de tant d'écrits et de discours contradictoires, que l'Assemblée nationale avait cru devoir approuver la formation d'une commission chargée de l'examiner de nouveau, mais avec la sage précaution de n'y admettre les députés de l'Algérie (presque tous avocats) qu'avec voix consultative, car autrement, ils eussent été juges et parties ; mais l'Assemblée, se trouvant, sans doute, inopinément *frappée d'une clarté céleste*, comme Saint Paul sur la route de Damas, a refusé de passer à la troisième lecture.

Cependant une occasion s'était présentée qui pouvait faire faire à la question algérienne un pas décisif, c'était l'insurrection de 1871. En effet, cette insurrection qui a eu lieu dans une circonstance extraordinaire, laquelle ne s'était jamais produite depuis 1830, c'est-à-dire en l'absence totale de l'armée, peut nous donner non-seulement la connaissance exacte des causes qui l'ont amenée, mais encore celle des sentiments actuels des indigènes à notre égard.

Pour arriver à ce résultat, je me suis livré, pendant trois ans consécutifs, à une investigation longue, prudente surtout, afin de ne soulever chez les indigènes aucune méfiance, et j'ai interrogé un grand nombre de chefs et de personnages influents du pays, pour savoir à quelle cause ils attribuent l'insurrection de 1871. Voici le résumé presque textuel des réponses que j'ai obtenues.

OPINION DES INDIGÈNES SUR LES CAUSES QUI ONT AMENÉ L'INSURRECTION DE 1871.

« Pendant toute la durée de la guerre contre la Prusse, nous n'avons jamais songé à profiter des désastres de la France pour reconquérir notre indépendance. Depuis le Sénatus-consulte de 1863, qui nous a garanti nos propriétés, nous avions fait une soumission pleine et entière, nous aimions et respections les chefs que la France nous avait donnés ; *nous avons envoyé nos enfants combattre avec vous, et ils ont fait bravement leur devoir.*

» Mais voilà qu'un jour, la populace et les juifs d'Alger ont envahi le palais du Gouverneur, ont chassé le chef qui nous commandait ; voilà que la populace et les juifs se sont habillés en soldats et ont monté la garde devant le palais où ils avaient installé un des leurs.

» Quand ces nouvelles nous ont été apportées dans nos tribus, nous n'avons pas voulu les croire, nous avons envoyé à Alger pour savoir ce qui s'y passait, et nos émissaires sont revenus nous dire que tout cela était vrai : qu'on avait emprisonné le premier Président de la Cour, le Colonel de gendarmerie ; que le nouveau Général envoyé pour remplacer celui qu'on avait chassé était obligé de se cacher chez l'Amiral, enfin qu'on nous avait enlevé tous les officiers que nous aimions et respections, pour les remplacer par d'autres que nous ne connaissions pas.

» Tous ces faits nous ont profondément troublés, et l'agitation a commencé de se montrer dans nos tribus.

» C'est à ce moment que nous avons appris que le gouvernement de la France était tombé et avait été remplacé par des avocats et par un vieux juif qui venait de décréter que tous les juifs étaient naturalisés français, tandis que depuis 40 ans, on nous a constamment refusé cette qualité, et tenus à l'état d'étrangers dans notre propre pays.

» Puis, lorsque nous avons vu les juifs avec des fusils, nous avons cru que la France était perdue; alors nous, Arabes et Kabyles, qui sommes des guerriers, nous n'avons pas voulu obéir à la populace et aux juifs, et nous n'avons rien eu à objecter à ceux qui nous appelaient aux armes, car nous n'avions plus aucun secours à espérer de l'autorité à laquelle nous étions habitués d'obéir.

» *Nous avons cependant retardé les hostilités autant que nous avons pu*, mais quand le bruit s'est répandu dans nos tribus que les Français se battaient les uns contre les autres, alors nous n'avons plus été les maîtres de rien.

» *Ce n'est pas nous qui avons trahi la France, c'est la France qui nous a abandonnés.* Tant que la France nous a paru grande et puissante, nous avons été soumis; serions-nous devenus criminels pour avoir voulu nous soustraire au pouvoir des révolutionnaires?

» Aujourd'hui nous sommes entre vos mains, nous reconnaissons nos véritables chefs auxquels nous sommes disposés d'obéir, tant que vous ne nous abandonnerez pas. Dieu est juste, il vous dira que nous ne sommes pas coupables. »

Telle est l'opinion générale des indigènes sur les causes de l'insurrection de 1871, et ce qui lui donne un cachet de vérité et de sincérité, c'est que l'insurrection n'a commencé qu'en février 1871, c'est-à-dire près de *huit mois* après le départ pour l'armée du Rhin de plus de moitié de l'armée d'Afrique, et *quatre mois* après le rappel en France, après Sedan, du reste de l'armée, qui n'avait laissé en Algérie que quelques dépôts d'ouvriers.

Ce qui ajoute un degré de vérité de plus à cette déclaration des indigènes, c'est que l'insurrection, loin d'avoir été générale, n'a été que partielle ; en effet, le service du chemin de fer n'a pas été interrompu un seul jour, pas un rail n'a été enlevé sur un parcours de 420 kilomètres d'Alger à Oran, et de 72 kilomètres, entre Philippeville et Constantine.

Il est donc hors de doute, d'après l'aveu des indigènes, que l'insurrection de 1871 n'a pas été faite contre l'autorité de la France, mais contre les violences de la populace et contre les agissements du Gouvernement du 4 septembre, lesquels, dans l'état de désorganisation militaire et sociale où la France était tombée après Sedan, Metz et la capitulation de Paris, auraient infailliblement amené, outre la perte de l'Alsace et de la Lorraine, celle de l'Algérie, si la guerre se fût prolongée en France, car nous n'aurions pas eu un soldat pour faire rentrer les indigènes dans la soumission et comprimer les désordres de la population civile

Alors la France serait tombée dans un état d'abjection fort au dessous de celui que lui avaient imposé les traités de 1815.

Aujourd'hui, les indigènes sont de nouveau soumis ; mais on ne peut méconnaître que la politique du 4 septembre, encore en pleine vigueur en Algérie et à laquelle on a ajouté la confiscation des propriétés, nous les a complétement aliénés, et qu'il nous sera impossible de regagner leur confiance, tant que le Gouvernement n'aura pas l'énergie de la répudier.

Maintenant que la lumière est faite sur les causes de l'insurrection de 1871, je vais examiner les questions dites de colonisation, c'est-à-dire les chances de réussite de l'idée prédominante aujourd'hui et qui consiste à remplacer la population indigène par une population européenne.

MAXIMUM DU NOMBRE DES EUROPÉENS QU'IL SERA POSSIBLE D'APPELER EN ALGÉRIE, ET ÉVALUATION DES FRAIS DE LEUR INSTALLATION.

On a longtemps cru et on croit encore en France qu'il sera possible d'appeler en Algérie *six à sept* millions d'Européens : voici la vérité.

Aujourd'hui on sait que l'Algérie se compose de trois parties : le *Sahara* ou zone des oasis ; la zone des *Hauts-Plateaux*, ou région des pâturages ; le *Tell*, ou zone du littoral.

Par sa configuration, le Tell ressemble, sauf la rareté relative des eaux, aux départements montagneux du midi de la France. Il a en superficie environ six mille lieues métriques carrées, ou 96,000 kilomètres carrés. C'est la seule région où l'on pourra placer des colons.

D'après les statistiques du Bureau des longitudes, les départements du midi de la France ont, en moyenne, une population de 30 à 35 habitants par kilomètre carré. On ne peut donc pas espérer agglomérer dans le Tell une population plus dense.

Toutefois, des 96,000 kilomètres carrés du Tell, il faut retrancher un cinquième pour forêts, pentes abruptes, rochers où il serait difficile de placer avantageusement des colons ; restent 80,000 kilomètres carrés, lesquels, peuplés chacun à raison de 35 habitants, comporteraient une population totale de 2,800,000 âmes pour le Tell.

Mais il existe dans ce Tell environ 1,200,000 kabyles ou arabes, kabyles surtout, qu'on ne peut ni massacrer, ni expulser, car, où iraient-ils ? — En les déduisant du chiffre 2,800,000 que je viens d'indiquer comme population totale, il restera 1,600,000 places pour les colons.

Tout ce qui précède étant de la pure arithmétique, aucun paralogisme ne pourra prévaloir contre elle.

Nous sommes donc bien loin des six ou sept millions d'européens que les romanciers de la colonisation ont cru pouvoir introduire en Algérie.

Mais il ne suffit pas d'appeler par la pensée 1,600,000 européens, il est d'autres considérations dont on ne peut faire abstraction, savoir, les frais de leur établissement.

Ces 1,600,000 colons constituent 400,000 familles, à raison de quatre individus chacune, en moyenne.

L'expérience des quarante années précédentes démontre que pour l'établissement d'une famille, c'est-à-dire pour construction d'une maison d'habitation, achat d'un matériel agricole, bestiaux et nourriture pendant la première année, il faut au moins une somme de 5,000 francs, sans compter les frais de défrichement.

L'expérience a encore prouvé qu'une famille qui, en France, possède une somme de 5,000 francs en numéraire, ne viendra pas, si ce n'est par une très-rare exception, l'exposer en Algérie, à l'inconnu ou au moins à l'aléatoire. On lit à la page 65 d'une brochure publiée, en 1859, sous le titre : *Gouvernement de l'Algérie de 1852 à 1858*, par M. le colonel Ribourt (aujourd'hui général), et qui a été pendant six ans chef du cabinet de M. le Gouverneur général maréchal Randon, « jusqu'en 1857, le ministère de la guerre a délivré plus de 80,000 passages gratuits pour « l'Algérie, *il y a eu plus de* 70,000 *retours* ! »

Or, que peuvent signifier ces 70,000 retours ? si ce n'est ceux de 70,000 chefs de famille venus en Algérie pour voir ce qu'il y avait de possible et qui n'ont pas osé y exposer leur avoir.

Dès l'instant que les familles possédant 5,000 francs ne viennent que par une rare exception en Algérie, il faudra *que l'État, ou plutôt, les contribuables français* fassent les frais d'installation des familles qu'on appellera. Or, les frais de 400,000 familles, à raison de 5,000 francs l'une, reviendront à 2 milliards, sans compter pareille somme qu'il faudra dépenser pour travaux publics, tels que : ports, routes, ponts, bâtiments publics et aménagement des eaux pour fontaines et irrigations. En total, 4 milliards pour n'installer que 1,600,000 colons européens. Tel est le bilan de la colonisation *à la charge des contribuables de France.*

Sans doute, cette somme de 4 milliards n'est pas à dépenser immédiatement et on pourra l'échelonner par année.

Si on se décide à y consacrer 100 millions par an, il faudra au moins 40 ans pour installer 1,600,000 colons. Si on réduit cette dépense à 50 millions par an, il faudra 80 ans, si 25 millions 160 ans ; mais, dans l'état de nos finances c'est à peine si on pourra y consacrer 12 millions. Pour 1875, on n'a voté que 2,500,000 francs.

Ainsi, quoi qu'on dise et quoi qu'on fasse, le peuplement européen du Tell sera une œuvre très-lente, à moins qu'elle ne devienne écrasante pour les contribuables de France. Puis, considération qui est de nature à faire réfléchir nos législateurs, c'est que les impôts dont les idéologues de la colonisation veulent charger les contribuables de la métropole, serviront à établir en Algérie une notable quantité d'étrangers, dont les gouvernements respectifs n'auront pas dépensé un centime pour l'établissement de leurs nationaux en Algérie.

ÉTRANGERS EN ALGÉRIE.

D'après les statistiques présentées naguère à la Commission des Trente de l'Assemblée nationale, le nombre des Européens actuellement en Algérie est de 244,646, dont 129,000 Français et 115,646 Étrangers.

En 1865, lors du voyage de l'Empereur, il y avait 220 mille Européens, dont 120 mille Français et 100 mille Étrangers.

Depuis 1870, le nombre des Français s'est accru de 9 mille, par suite de l'arrivée des Niçois et des Alsaciens-Lorrains, tandis que le nombre des Étrangers s'est augmenté de 15,646, c'est-à-dire de plus de 7 mille en sus de celui des Français. Je ne compte pas comme augmentation du chiffre des Français les 30 mille Juifs naturalisés en masse, ainsi que l'ont fait des statisticiens fantaisistes et peu scrupuleux.

Si cette progression des étrangers se continue, on peut facilement prévoir le moment où le nombre des Français sera primé par celui des étrangers qui trouvent fort avantageux de venir en Algérie *où les c ntribuables français font tous les frais de leur établissement.*

Quand cette colonie européenne étrangère sera assez nombreuse, qui peut garantir qu'elle ne tendra pas à se séparer de la France ? Déjà des symptômes indéniables de cette tendance se sont produits.

En 1870, un italien, le sieur C..., membre au titre étranger, du Conseil municipal d'Alger, a écrit au pseudo-général Garibaldi pour lui offrir le Gouvernement de l'Algérie, proposition qui lui a été renouvelée par la *Commune d'Alger*, et ce qu'il y a de plus significatif, c'est que le 8 février 1871, la presque unanimité des électeurs français a élu le dit Garibaldi représentant du peuple à l'Assemblée nationale.

Ainsi, la pensée séparatiste s'est manifestée non seulement parmi les étrangers, mais parmi la majorité des Français de l'Algérie.

Aujourd'hui, en Algérie, il y a des journaux dont le thème quotidien est l'autonomie, prodrôme certain de la séparation future, qui serait sans doute favorisée par une des puissances qui ont abandonné la France en 1870.

Mais alors même que cette séparation ne devrait pas se réaliser, *il n en est pas moins certain que les ressources des contribuables de la métropole ne doivent pas être employées à augmenter le nombre ı es étrangers qui peuvent nous faire courir ce danger.*

J'indiquerai plus loin où nous devons chercher des colons.

CHIFFRE RÉEL DE LA POPULATION AGRICOLE EUROPÉENNE

On pourrait croire que le chiffre 244,646 de la population européenne est celui de la population agricole. On se tromperait grandement. On lit, page 58 du livre de M. le colonel Ribourt, ex-chef du cabinet du Gouverneur général, et, en cette qualité, bien informé :

« Dix ans après 1841 (c'est-à-dire en 1851), en
» comptant les colonies agricoles de 1848 (recrutées, com-
» me on sait, dans les faubourgs de Paris), le Maréchal
» Bugeaud et ses successeurs avaient créé 130 centres de
» population et concédé 98,600 hectares ; mais sur 125
» mille européens, 23,000 *seulement, ou moins de 1 sur*
» 5, formaient l'élément agricole. »

Aujourd'hui, cette proportion n'est pas changée, en sorte que sur les 244,646 européens existant en Algérie, il n'y a guère que 49 à 50 mille âmes de population agricole, y compris les femmes et les enfants, soit 9 par kilomètre carré.

Si on ajoute à ces 50,000 âmes de population agricole environ 40,000 âmes de populations urbaines exerçant des professions commerciales ou d'artisans nécessaires à toutes villes, bourgs ou villages, on n'a encore guère que 90,000 âmes de population utile à la colonie, ce qui est conforme à la prédiction faite, en 1835, par M. Michel Chevalier, dans ses *Lettres sur l'Amérique du Nord* : « Si je
» ne m'abuse complètement, ce qui se déverse en Algérie,
» avec le système des émigrations individuelles, doit être,
» sauf de rares exceptions, le *rebut* de nos grandes villes.
» Il y faudrait la fleur de nos campagnes et de nos ate-
» liers, de jeunes cultivateurs et de robustes ouvriers,
» comme ceux qui, le mousquet à la main, font la gloire
» de nos armées. »

Aujourd'hui, au rebut de nos grandes villes de France, est venu s'ajouter le *rebut* des villes d'Europe. Si on retranche du total 244,646 européens, tant français qu'étrangers, les 90 mille que j'ai signalés comme utiles à l'Algérie, il restera plus de 150 mille âmes de population flottante sans aucune attache à la colonie.

Ce résultat n'est pas inconnu des journaux de l'opposition algérienne qui ont désigné cette population flottante sous le nom *d'armée roulante.* Voici la définition caractéristique qu'en donne la *Vigie algérienne*, du 27 mars 1874, journal autonomiste « L'armée roulante ne brille
» pas précisément par la discipline, elle ne se recom-
» mande pas non plus par la beauté de l'uniforme......
» ils ne portent guère de cravates ni de bas, les gants leur
» sont entièrement inconnus. Quand on n'est pas riche,
» il faut savoir se retourner et ne pas manquer d'inven-
» tion.

» A cet égard, l'armée roulante s'entend parfaitement,
» et l'on peut dire que, comme Figaro, elle déploie pour
» vivre plus de génie qu'il n'en faut pour gouverner les
» Espagnes.

» L'objectif est de vivre sans travailler, mais comme
» on n'atteint jamais ce beau résultat, qui n'est rien
» moins que l'absolu, il faut se contenter du relatif. On
» travaille donc le moins possible, ce qui est l'approxima-
» tion de ceux dont l'idéal est de ne rien faire du tout.

» Il suit de là que les principes d'un soldat de l'armée
» roulante lui défendent de s'employer à la journée. Il
» ne livre son temps qu'à la dernière extrémité ; la
» régularité dans l'action, la continuité du labeur lui sont
» insupportables ; *il veut être libre*, dit-il souvent, *il ne
» veut pas qu'on le commande*, ajoute-t-il fréquemment. »
Telle est l'armée roulante : c'est elle qui dirige l'opinion publique, qui inspire la presse opposante, qui déblatère contre l'autorité, contre l'armée, contre le prétendu régime du sabre, qui demande sans cesse des terres qu'elle ne veut ni ne peut cultiver, qui a le monopole des cabarets dont elle inonde les centres de population et où s'exerce la faconde de ses orateurs. La présence de l'armée d'Afrique est peut-être plus nécessaire pour comprimer les désordres de l'armée roulante que pour maintenir les indigènes en état de soumission. On a calculé qu'en Algérie, il y a près de 13,000 cabarets (1 pour 19 européens): En France, il n'y en a que *un* pour 95 individus.

RÉPARTITION DE LA POPULATION AGRICOLE SUR LES TERRITOIRES CIVILS.

Les terres livrées à la population agricole offrent une superficie d'environ 525,000 hectares ou 5,250 kilomètres carrés. J'ai démontré plus haut que la population agricole ne dépassait pas 50 mille âmes, y compris les femmes et les enfants, il n'y a donc sur chaque kilomètre carré que moins de 10 européens. Si on y ajoute 45 ou 50 mille indigènes qui y sont restés, cela ne comporte encore que moins de 20 habitants par kilomètre carré ; il y manque donc encore 15 habitants pour être peuplé à l'égal des départements similaires de France, c'est-à-dire 78,750 pour les 5,250 kilomètres carrés du territoire civil.

On peut donc affirmer que la terre n'a point manqué au colon, mais que c'est plutôt le colon qui a manqué à la terre, ce qui disculpe complétement le Gouvernement, dit emphatiquement du sabre, de refuser de la terre à la colonisation.

Il est des statistiques qui comptent les 150,000 individus de l'armée roulante, comme compris dans la population agricole, c'est une grave erreur ; l'armée roulante est bien disséminée sur les territoires civils, mais elle ne cultive ni ne travaille, et la preuve est, qu'au temps de la moisson, alors qu'on réclame à cor et à cri des travailleurs, c'est l'armée et la population indigène qui en fournissent, à défaut de l'armée roulante.

DES SYSTÈMES MIS EN PRATIQUE POUR L'ASSIMILATION DE L'ALGÉRIE A LA FRANCE.

En présence de l'exiguité des résultats obtenus en Algérie, mis en parallèle des dépenses faites jusqu'à présent, il est nécessaire de faire connaître les deux systèmes mis en pratique pour l'assimilation de l'Algérie à la France.

Le premier est celui de la Restauration, dont l'acte principal a été la conquête, mais qui n'a eu qu'un commencement d'exécution, et a été brusquement interrompu par la Révolution de Juillet. Je vais l'exposer tel qu'une circonstance particulière et personnelle m'a mis à même de le connaître.

Étant en 1826 à l'École d'état-major, un de mes parents, le vicomte d'Agoult, 1er écuyer de Mme la Dauphine, m'avait présenté dans un cercle intime de quelques personnages de la Cour. Dans ce cercle, on recherchait sans cesse les moyens d'éluder les traités de 1815 qui avaient interdit à la France tout agrandissement en Europe. Jusqu'en 1826, on n'avait rien trouvé de praticable, lorsque parut à Boston, au-delà de l'Atlantique, un livre sous le titre : *Esquisses de l'État d'Alger*, publié par M. William-Shaler, longtemps consul des États-Unis dans la Régence d'Alger. On y lisait la phrase suivante : « Le lecteur s'étonnera » toujours que les grandes puissances maritimes de l'Eu-» rope soient allées, au prix d'immenses sacrifices » d'hommes et d'argent, établir des colonies aux der-» nières limites du monde, tandis qu'une poignée de mi-» sérables pirates conservait, sous leurs yeux, la jouissan-» ce paisible de la plus belle portion du globe, et les sou-» mettait à des conditions qui ressemblaient beaucoup à » l'hommage d'un vassal. »

A la lecture de ce passage, on s'écria à l'unanimité dans le cercle où j'étais admis : « *Puisqu'il est interdit à la* » *France de grandir en Europe, c'est sur le continent afri-* » *cain qu'elle grandira.* »

Dès cet instant, la conquête d'Alger fut résolue. Qu'on remarque bien que ce fut en 1826 que cette résolution fut prise, et non en 1830, pour masquer un coup d'État, comme l'ont prétendu les journaux de l'opposition.

Bien que la France eût d'anciens et nombreux griefs contre Alger, il fallait, pour motiver la conquête, *un casus belli* récent et bien authentique. On chargea secrètement notre consul général, M. Deval, de le faire naître, et ce fut au commencement de 1827 que, sur une réponse outrageuse pour le Dey, il reçut le fameux coup d'éventail ou du moins la menace devant tout le corps consulaire rassemblé au palais à l'occasion des fêtes du Beiram.

Aussitôt un blocus fut ordonné et s'il a duré trois ans,

c'est parce que tout ce temps fut nécessaire pour rassembler, sur la Régence, le plus possible de renseignements, afin de ne pas voir se renouveler l'échec de Charles-Quint.

Tout étant prêt en 1830, on envoya au Dey, pour la forme seulement, le vaisseau la *Provence* en parlementaire; mais ce prince, infatué de la prétendue inefficacité du blocus, fit canonner ce vaisseau.

L'armée expéditionnaire, dont j'avais l'honneur de faire partie, prit la mer le 16 mai, débarqua à Sidi-Ferruch le 14 juin suivant, et Alger tomba entre nos mains le 4 juillet 1830.

Le but que se proposait la Restauration est clairement défini, il s'agissait de réparer les effets des traités de 1815 et de grandir la France sur le continent africain et, comme l'a si bien dit M. le comte Daru, de prolonger le territoire de la France sur le continent africain. Il ne pouvait être question d'expulser les indigènes pour y fonder une colonie européenne qui échapperait un jour à la France comme l'Europe américaine a échappé à l'Angleterre.

M. Michelet, cet éternel détracteur des illustrations de l'ancienne monarchie, l'avait bien compris. Voici un passage de son histoire de France que la force de la vérité lui a arraché. « Sully ne goûtait guère non plus les fonda- » tions de colonies. Le roi, plus fidèle en ceci aux tradi- » tions de Coligny, jugeait qu'un grand peuple inquiet, » tant d'esprits aventureux ont besoin d'un tel débouché. » Il encouragea les *Champlain*, les *Demonts*, fondateurs » de cette France américaine, qui n'embrassait pas seule- » ment le Canada, mais un empire de plus de mille lieues » de côtes. *Regrettables colonies où la sociabilité de la* » *France adoptait les indigènes et les assimilait. La France* » *épousait l'Amérique au lieu de l'exterminer pour y subs-* » *tituer une Europe comme ont fait les Anglais.* »

Et j'ajoute : une Europe qui les en a expulsés.

Sans interdire l'accès de l'Algérie à la population de France, la Restauration voulait appliquer aux populations indigènes la politique qui avait si complètement réussi à assimiler l'Alsace et la Franche Comté, c'est-à-dire se contenter d'y faire acte de souveraineté, tout en leur laissant leurs lois locales et leurs coutumes. En effet, l'Alsace conquise en 1648 avait conservé ses lois et coutumes pendant 183 ans, et la Franche-Comté conquise en 1678, les avait conservées pendant 143 ans. Or, on conviendra que cette politique qui les avait si étroitement liées à la France était plus puissante que la vaine formule républicaine *une et indivisible* qui a reçu un si cruel démenti en 1871.

La Restauration voulait adopter les indigènes et les assimiler progressivement, elle voulait *épouser* l'Algérie au lieu de l'exterminer, c'est pourquoi son premier acte, après la prise d'Alger, fut de conclure une capitulation dont je ne citerai que l'article 5 : « *L'exercice de la reli-* » *gion musulmane restera libre ; la liberté de toutes les* » *classes d'habitants, leur religion, leurs propriétés, leur* » *commerce, leur industrie ne recevront aucune atteinte ;* » *leurs femmes seront respectées.* »

Cet article se passe de commentaires, il est l'expression du droit des gens.

La politique du Gouvernement de Juillet 1830 vint changer ce programme.

Une fois la capitulation supprimée, il se forma une secte, ou plutôt une école de doctrinaires qui affirmait qu'en vertu du Koran, toute la terre musulmane apparte-nait au sultan, que les populations n'en étaient qu'usu-fruitières et non propriétaires; que la conquête nous ayant substitués au gouvernement turc, l'Etat était devenu pro-priétaire de tout le sol et pouvait en disposer à sa vo-lonté, en expulser les détenteurs.

Cette doctrine, qui n'était autre chose que la spoliation, la confiscation érigées en principe, fut malheureusement adoptée par les législateurs de Juillet et porta bientôt ses fruits. Lorsque au commencement de 1832, on forma plu-sieurs villages autour d'Alger sur des terrains dont on n'avait ni recherché ni indemnisé les propriétaires, *la poudre parla.*

On a prétendu que la longue guerre qui suivit ces spo-liations fut due au fanatisme religieux. Je conviens qu'il a pu y être pour quelque chose, car c'était une situation si nouvelle et si inattendue pour les indigènes, de passer si subitement de la domination musulmane sous la domination chrétienne, que le fanatisme des marabouts a certainement pu agir sur les populations; mais, 29 ans après la conquête, ce fanatisme s'était sensiblement amorti, tandis que la résistance à la spoliation s'est maintenue toujours aussi ardente. On lit dans le livre précité de M. le colonel Ribourt, chef du cabinet du Gouverneur général de 1852 à 1858 et publié en 1859 : « Cette grande » œuvre de la colonisation ne consiste pas seulement à » trouver un bon site et à y installer des colons, *il im-* » *porte surtout d'assurer aux nouveaux villages des terres* » *sur lesquelles nul indigène n'ait un droit direct ou dé-* » *tourné, car toute contestation amène là bien vite des* » *coups de fusil.* »

Cette longue guerre soutenue par les indigènes a inspiré à M. le Procureur général Barbaroux une parole qui paraît fondée : « Il aurait mieux valu acheter les terres » dont on avait besoin, que de les prendre, elles auraient » coûté moins cher. »

Et M. Barbaroux était fondé dans son opinion, car, en 1831, une grande partie de la plaine de la Mitidja était passée des mains des indigènes dans celles d'acquéreurs français, en vertu d'actes de vente passés par les cadis eux-mêmes, attendu qu'il n'y avait pas encore de notaires à Alger.

Cette spoliation systématique des propriétés des indigènes durait depuis 1832, lorsque l'Empereur, venu une première fois en Algérie, en 1860, reçut les réclamations d'un grand nombre d'indigènes, et, par suite, écrivit le 6 février 1863 à M. le Maréchal Pelissier, gouverneur général, une lettre qui n'est que le préliminaire du Sénatus-consulte de 1863, lequel rétablit les indigènes dans leurs droits : En voici les principaux passages :

« Monsieur le Maréchal,

« Le Sénat doit être saisi bientôt des bases principales » de la constitution de l'Algérie ; mais, en attendant sa » délibération, je crois de la plus haute importance de » mettre un terme aux inquiétudes excitées par tant de

» discussions sur la propriété arabe. La bonne foi comme
» notre intérêt bien compris nous en font un devoir.

» Lorsque la Restauration fit la conquête d'Alger, elle
» promit aux Arabes de respecter leur religion et leurs
» propriétés. Cet engagement solennel existe toujours
» pour nous, et je tiens à honneur d'exécuter, comme je
» l'ai fait pour Abdelkader, ce qu'il y avait de grand et de
» noble dans les promesses des Gouvernements qui m'ont
» précédé.

» D'un autre côté, quand même la justice ne le com-
» manderait pas, il me semble indispensable pour le repos
» et la prospérité de l'Algérie de consolider la propriété
» entre les mains de ceux qui la détiennent. Comment, en
» effet compter sur la pacification d'un pays, lorsque la
» presque totalité de la population est sans cesse inquié-
» tée sur ce qu'elle possède? Comment développer sa
» prospérité, lorsque la plus grande partie de son terri-
» toire est frappée de discrédit par l'impossibilité de ven-
» dre et d'emprunter? Comment enfin augmenter le re-
» venu de l'Etat, lorsqu'on diminue sans cesse la valeur
» du fonds arabe *qui seul paie l'impôt?*

» Aujourd'hui il faut convaincre les Arabes que nous
» ne sommes pas venus pour les opprimer et les spolier,
» mais pour leur apporter les bienfaits de la civilisation.
» Or, la première condition d'une société civilisée est le
» respect des droits de chacun.

» Le droit, m'objectera-t-on, n'est pas du côté des Ara-
» bes. Le sultan était autrefois propriétaire de tout le
» territoire, et la victoire nous l'aurait transmis au même
» titre! Eh! quoi! l'Etat s'armerait des principes surannés
» du mahométisme pour dépouiller les anciens posses-
» seurs du sol, et, sur une terre devenue française, il in-
» voquerait les droits despotiques du grand Turc! Pareille
» prétention est exorbitante, et, voulût-on s'en prévaloir,
» il faudrait refouler la population arabe dans le désert
» et lui infliger le sort des Indiens de l'Amérique du Nord,
» chose impossible et inhumaine.

» *La terre d'Afrique est assez vaste, les ressources à y*
» *développer sont assez nombreuses pour que chacun puisse*

» *y trouver place et donner un libre essor à son activité,*
» *suivant sa nature, ses mœurs et ses besoins.*

» Aux indigènes, l'élevage des chevaux et du bétail, les
» cultures naturelles au sol.

» A l'activité et à l'intelligence européennes, l'exploita-
» tion des forêts et des mines, les desséchements et les
» irrigations, l'introduction des cultures perfectionnées,
» l'importation de ces industries, qui précèdent ou ac-
» compagnent toujours les progrès de l'agriculture.

» Voilà le vrai rôle de la colonisation.

» Au gouvernement local, le soin des intérêts généraux,
» le développement du bien-être moral par l'éducation,
» du bien-être matériel par les travaux publics. A lui le
» devoir de supprimer les réglementations inutiles et de
» laisser aux transactions la plus entière liberté. En outre,
» il favorisera les grandes associations de capitaux, *en*
» *évitant de se faire entrepreneur d'émigration et de co-*
» *lonisation, comme de soutenir péniblement des individus*
» *sans ressources, attirés par des concessions gratuites.*

» Voilà, M. le Maréchal, la voie à suivre résolûment,
» car l'Algérie n'est pas une colonie proprement dite,
» mais un royaume arabe. Les indigènes ont, comme les
» colons, un droit égal à ma protection, et je suis aussi
» bien l'empereur des Arabes que l'empereur des Fran-
» çais.

» Ces idées sont les vôtres, elles sont aussi celles du
» Ministre de la Guerre, et de tous ceux qui, après avoir
» combattu dans ce pays, allient à une pleine confiance
» dans son avenir, une vive sympathie pour les Arabes.
» J'ai chargé le Maréchal Randon de préparer un projet
» de sénatus-consulte dont l'article principal sera de
» rendre les tribus ou fractions de tribus propriétaires
» incommutables des territoires qu'elles occupent à de-
» meure fixe et dont elles ont la jouissance traditionnelle,
» à quelque titre que ce soit.

» Cette mesure qui n'aura aucun effet rétroactif,
» n'empêchera aucun des travaux d'intérêt général, puis-
» qu'elle n'infirmera en rien l'application de la loi sur
» l'expropriation pour cause d'utilité publique : je vous

» prie donc de m'envoyer tous les documents statistiques
» qui peuvent éclairer la discussion du Sénat.

» Sur ce Monsieur, le Maréchal, etc.

» NAPOLÉON. »

Cette lettre contenait cependant un mot malheureux, celui de *Royaume arabe*.

Mais ce qui donne une juste appréciation de l'esprit hostile de la population européenne de l'Algérie, c'est que la lettre de l'empereur, si remarquable par la justesse et l'équité des aperçus, y souleva des objurgations presque unanimes, sous prétexte que l'empereur voulait fonder un royaume arabe, bien que tous les termes de cette lettre en démentissent l'intention.

Quoi qu'il en soit, la période écoulée entre les années 1863 et 1870 a été une période d'apaisement chez les Arabes rassurés sur leurs propriétés, lorsque survint le 4 septembre 1870, qui remit tout en question.

J'ai démontré, au commencement de cet écrit, que les agissements du Gouvernement du 4 septembre et de la populace algérienne ont certainement provoqué l'insurrection de 1871, mais le Gouvernement ne s'en tint pas là. Bientôt suivit la spoliation en grand des propriétés des indigènes sous le nom de *séquestres collectifs*, dont l'exagération fut portée si loin par l'amiral Gueydon, qu'elle provoqua de la part du journal républicain le *Tell*, de Blida (numéro du 12 juillet 1872), les réflexions suivantes :

« On voit une paille, dans l'œil de son voisin et on
» n'aperçoit pas une poutre dans le sien. Nous avons
» trouvé exorbitantes les contributions de guerre qui ont
» été imposées par les Prussiens aux malheureuses villes
» dont ils se rendaient maîtres, et nous avions certes
» bien raison. Cependant les Prussiens se trouvaient en
» pays ennemi. Comment se fait-il que nous considérions
» comme très-naturelle et conforme aux principes de la
» civilisation, notre conduite envers les indigènes que
» nous avons cependant déclarés *sujets français* et que
» *nous voulons nous assimiler ?*

» Non contents de les châtier sévèrement lorsqu'ils se
» révoltent, par des exécutions sommaires et de fortes
» contributions de guerre, nous *leur confisquons leurs*
» *propriétés et les faisons en outre condamner par les*
» *cours d'assises. Nous les atteignons ainsi de trois maniè-*
» *res, militairement, administrativement et judiciairement.*

» Nous avons vu des choses si horribles, l'année der-
» nière, entre Paris et Versailles, que les fusillades sans
» jugement ont cessé de nous étonner, *mais je ne puis*
» *comprendre la confiscation administrative et l'inter-*
» *vention du jury pour des faits de guerre.*

» Qu'aurions-nous dit des Prussiens, s'ils avaient fait
» juger les prisonniers par les tribunaux de Berlin, com-
» me prévenus de crimes de droit commun ?

» Que dirions-nous des Prussiens *s'ils séquestraient les*
» *terres alsaciennes pour les donner aux allemands, sous*
» *prétexte de colonisation ?*

» Certes, si l'on considère les Kabyles comme des re-
» belles, on a, sinon bien fait, du moins agi logique-
» ment, en leur faisant payer des contributions de guerre,
» mais alors pourquoi leur confisquer leurs propriétés et
» les traduire en cour d'assises ?

» Si, au contraire, on les considère comme de simples
» insurgés, on a raison de les faire juger ; mais, dans ce
» cas, la contribution de guerre et le séquestre sont de
» trop.

» *J'admire le cynisme avec lequel les amis de la colonie*
» *prêchent la confiscation et la facilité avec laquelle le Gou-*
» *vernement l'établit.*

» *Expulsez les Arabes, dit-on à l'administration, dépê-*
» *chez-vous de nous donner les terres des indigènes, et*
» *surtout soyez large; et l'administration fait de son mieux*
» *pour satisfaire ces appétits.* (Tel est le thème quotidien
» de la population civile en Algérie.)

» C'est ce qu'on appelle faire de la colonisation.

» Le Gouvernement de Versailles était bien inspiré,
» quand il refusait d'approuver l'application de l'ordon-
» nance de 1845, sur le séquestre en Algérie, et il est
» fâcheux qu'il n'ait pas persisté dans cette voie.

» Ce n'est point en spoliant les indigènes que l'on as-
» surera la sécurité du pays.

» Si l'on veut faire de la colonisation, que l'on prenne
» les biens du beylik et ceux tombés en déshérence, et
» s'ils ne sont pas suffisants, qu'on exproprie avec in-
» demnité les terrains jugés nécessaires. Ce sera juste et
» politique. Dans le cas contraire, on perdra beaucoup
» de temps pour commettre beaucoup d'injustices et ne
» rien faire de durable. »

Le motif apparent des séquestres et des confiscations a
été de venir en aide aux Alsaciens-Lorrains. Certes on ne
peut qu'applaudir aux intentions philanthropiques du
comité d'Haussonville, mais si les souscripteurs des sub-
sides mis à la disposition du comité avaient été informés
que leurs souscriptions devaient aboutir à la confiscation
des propriétés des indigènes les mieux cultivées, s'ils
pouvaient voir ces malheureuses populations dépouillées
et réduites à n'avoir ni feu ni lieu, ils se seraient bien
gardés de concourir à cette œuvre d'iniquité.

Mais puisque cette spoliation a reçu un commencement
d'exécution sur lequel il serait peut-être difficile de reve-
nir, il est du devoir strict du Comité, non seulement de
renoncer aux terres spoliées, mais encore d'indemniser
les indigènes dépouillés. Dans le cas où ses ressources ne
lui permettraient pas cette œuvre de juste réparation,
elle incombe nécessairement à l'Etat, puisque la spoliation
a eu lieu par ses agents.

ASSIMILATION.

M. le comte d'Harcourt a dit avec une grande justesse
de vues et d'expression. « L'assimilation n'est pas un sys-
» tème qui puisse être appliqué du jour au lendemain,
» par le seul fait de la volonté du législateur. Il n'est pas
» difficile de décréter que l'Algérie est le prolongement
» de la France au delà de la mer, de la diviser en un cer-
» tain nombre de départements et d'y promulguer toutes
» les lois françaises; mais quand on aura fait cela, aura-

» t-on rendu l'Algérie semblable à la France ? Suffit-il de
» la volonté d'une commission ou d'une assemblée pour
» transformer un pays du jour au lendemain, et pour
» mettre une colonie, qui n'existait pas il y a 40 ans, en
» état de supporter les institutions d'une nation qui date
» de 14 siècles. »

A l'appui de l'opinion de M. le comte d'Harcourt, je
vais montrer le résultat d'une assimilation prématurée,
décrétée *ex abrupto* par la Chambre des députés.

Avant l'établissement du chemin de fer, la direction des
finances avait fait accepter, *sous prétexte d'assimilation*, le
paiement *en numéraire* de l'impôt arabe, lequel, sous les
Turcs, était payé presque en entier en nature.

Pour se procurer le numéraire exigé par le fisc, les indigènes furent obligés d'apporter leurs produits sur le littoral où seulement ils pouvaient être échangés contre du
numéraire ; mais comme le transport de ces produits ne
pouvait se faire, faute de routes carrossables, qu'à dos de
bêtes de somme, moyen fort dispendieux, et que sur le
littoral ces produits ne pouvaient être vendus qu'au taux
des mercuriales dont il fallait déduire le prix de location
des bêtes de somme ; il s'ensuit qu'il fallait vendre d'énor-
mes quantités de blé pour se procurer l'argent exigé par
le fisc ; passé certaines distances, le prix de vente était
totalement absorbé par celui des transports.

Peu à peu les réserves des silos s'épuisèrent et ne purent
être remplacées. En 1866, année de la sécheresse et
des sauterelles, la récolte fut insuffisante pour la nourriture des populations. Alors survint cette effroyable
famine qui fut si grande qu'elle offrit des cas d'anthro-
pophagie et qui, en 1867, fit périr 500 mille individus.

Ainsi, une mesure financière, prématurée en ce qu'elle
a précédé la mesure économique de la viabilité carrossable,
a été la cause d'une immense catastrophe.

Sous les Turcs, il y avait souvent des sécheresses et
parfois des sauterelles qui occasionnaient des disettes
auxquelles on remédiait au moyen des réserves trisan-
nuelles des silos, mais jamais des famines telles que celle
de 1867.

Aujourd'hui, grâce au fonctionnement des chemins de fer, une grande partie de ce malheur est conjurée. En effet, les indigènes ne sont plus obligés de porter leurs produits jusque sur le littoral pour les échanger contre du numéraire, ils trouvent des acheteurs dans les gares, ce qui leur économise 4, 5, 6 et même plus de prix de journées, de location de bêtes de somme, et leur laisse quelque profit, soit pour vivre, soit pour payer les impôts.

Voilà pourquoi ils n'ont, pendant l'insurrection, porté aucune atteinte aux chemins de fer. Ils en ont compris la grande utilité pour eux. Mais ce n'est pas tout, partout où nous avons ouvert des routes carrossables, les indigènes abandonnent leurs sentiers pour se servir de nos voitures. On peut affirmer que dans les diligences qui parcourent l'intérieur, on voit plus d'indigènes que de colons, et qu'on est encore à citer des attaques contre ces véhicules.

Ces exemples prouvent d'une manière irréfutable que la civilisation et la colonisation *s'écrivent sur le sol et non sur le papier*, fut-ce même par acte législatif, et, pour mieux convaincre ceux qui ne se rendraient pas à cette vérité, je les prie de répondre à la question suivante :

« Que deviendrait la France si, par un événement imprévu, le réseau si multiplié de ses voies de communication venait à disparaitre ? — Évidemment, la France retomberait dans la barbarie, son agriculture, son industrie, son commerce s'anéantiraient, car la population, ne pouvant plus exporter ses produits, se restreindrait à la production locale, le sol non cultivé deviendrait malsain, la population diminuerait rapidement. Tous les décrets législatifs n'y remédieraient en rien. »

Il est même certain que si les peuples d'Orient restent dans un état de barbarie relative, c'est parce que les gouvernements musulmans professent la plus complète inertie à l'endroit de la viabilité.

Je le répète donc avec la plus intime conviction, la civilisation et l'assimilation doivent *s'écrire sur le sol et non sur le papier*. Par le développement de la viabilité carrossable, toute la terre actuellement en friche ou en jachère serait mise en culture, la production s'activerait, les relations commerciales se multiplieraient. La fusion des intérêts amènera la fusion des idées, et, insensiblement, se fera l'assimilation.

Mais ce qu'il faut comprendre, dès aujourd'hui, c'est que l'établissement d'un réseau de routes ne pouvant avoir lieu du jour au lendemain, l'œuvre de l'assimilation ne peut être que lente et progressive. Toutes les impatiences des doctrinaires, du journalisme et même des députés de l'Algérie ne peuvent avoir d'autre résultat que d'embarrasser l'action gouvernementale, et l'entraîner dans une fausse voie, à preuve la ridicule qualification de *Gourerneur civil* imposée à un homme qui a le commandement d'une armée de 60 à 80,000 hommes. M le maréchal Pelissier avait cependant résolu la question en disant : « Je ne suis ni gouverneur militaire ni gouverneur civil : je suis gouverneur général. »

Après avoir prouvé qu'il faudrait plus de 160 ans pour introduire seulement 1,600,000 européens en Algérie et imposer de lourdes charges financières à la métropole, on comprendra sans doute, l'inanité de ce mode de colonisation et la nécessité de chercher les colons où ils sont réellement et pas ailleurs.

Nous avons dans le Tell environ 1,200,000 kabyles et arabes cultivateurs, fixés au sol, tout installés, sans qu'il en coûte un centime aux contribuables de France.

Voilà nos véritables colons, mais à la condition que nous ne ferons rien pour perpétuer leur insoumission, que nous comprendrons enfin que le plus puissant moyen de civilisation n'est pas la coercition, *mais l'assimilation du sol par la viabilité*.

Je vais plus loin et je dis que : comprenant ainsi l'assimilation qui leur profite, ils feront eux-mêmes la plus grande partie des frais de la viabilité.

Il est aussi un moyen puissant d'assimilation, c'est *la sociabilité* dont est douée la nation française à un plus haut degré que les autres nations de l'Europe, mais ce qui étonnera le lecteur, c'est que c'est l'armée seule qui l'a mise en pratique. Après avoir vaincu les indigènes, jamais elle ne les a spoliés ni humiliés, elle les a admis dans son sein et dans ses honneurs ; aussi a-t-elle trouvé chez eux des auxiliaires, d'abord contre les tribus insoumises, ensuite dans les guerres de Crimée, de Chine, d'Italie, du Mexique et contre la Prusse, et ils ont toujours fait vaillamment leur devoir, sans jamais murmurer contre les rigueurs de la discipline, parce qu'ils comprennent les idées qui leur imposaient l'obéissance et le respect à l'autorité.

Si nous le voulions, ils nous fourniraient encore 50 mille vaillants soldats, lesquels seraient un puissant appoint des forces de la France, soit dans l'éventualité d'une guerre européenne, soit dans le cas d'une tentative d'invasion de la Tunisie ou du Maroc, par une puissance européenne, lequel cas échéant placerait l'Algérie entre deux puissances rivales sinon hostiles. Or, c'est bien assez d'avoir perdu, non sans espoir de retour, l'Alsace et la Lorraine, sans courir le risque de perdre encore l'Algérie.

Quoique ce genre d'assimilation militaire ne soit pas du goût des doctrinaires de la colonisation, il n'est point à dédaigner, en ce qu'il a désarmé contre nous une bonne partie des indigènes.

Pour éclairer encore plus le lecteur sur le compte des indigènes, voici la copie d'un passage d'une lettre écrite à l'auteur des *Annales algériennes* (le commandant Pellissier de Reynaud). « Au bout de tout cela, croiriez-vous
» une chose, c'est que depuis que j'ai parcouru la province
» de l'Est, *je ne vois plus la nécessité de tant amener dans*
» *ce pays de colons d'outremer.* Les cultures arabes sont
» admirables. Quand on traverse les plaines des environs
» de Sétif, des Abd-el-Nour, les azel de Constantine, on
» est forcé de se dire que jamais la main-d'œuvre euro-
» péenne ne fera mieux. Voici bien les greniers si vantés
» de la vieille Rome. Que gagnerons-nous à la transfor-
» mation ? Des prix plus élevés, des temps d'arrêt fâcheux,
» *des insurrections* et des remords de conscience. Mais
» c'est là une opinion qui sent le fagot pour le quart
» d'heure, aussi je ne vous la lâcherai qu'en passant, vous
» affirmant, toutefois, que beaucoup des plus sages de la
» haute administration partagent mon hérésie. »

A ce fragment de lettre, je joins un passage d'un rapport de l'ex-Gouverneur général Charon au Comité consultatif de l'Algérie, dans sa séance du 7 juin 1853 :

« Si, cependant, on examine attentivement et avec
» impartialité la situation de l'Algérie, si l'on apprécie à
» leur véritable valeur les progrès de notre établissement
» colonial, *on est conduit à reconnaître que du côté des*
» *Arabes sont les ressources réelles*, l'élément essentiel de
» cette civilisation, qui est le but et le prix glorieux des
» efforts de la France et des sacrifices qu'elle s'impose.

» *Une population européenne où l'élément français do-*
» *mine à peine*, est disséminée sur toutes les parties de ce
» vaste territoire algérien. Le plus grand nombre habite
» les villes ; la portion vraiment fixe de cette population
» compte à peine de 20 à 25 mille individus qui forment
» aujourd'hui (1853), tout son contingent agricole. C'est
» tout ce qu'a pu produire une possession de 23 années,
» restreinte, il est vrai, dans l'origine et soumise à toutes
» les vicissitudes de la guerre, mais paisible et assurée
» déjà depuis longtemps. Dira-t-on que le peuplement
» peut se faire plus rapidement, mais, d'abord, il n'y a
» pas d'accroissement naturel dans la population euro-
» péenne transportée en Algérie ; l'expérience prouve
» malheureusement que le climat dévore encore aujour-
» d'hui plus qu'on ne produit. Quant à l'immigration,
» elle est lente dans ses progrès et limitée d'ailleurs par
» la force des choses.

» L'Algérie, en effet, n'est ni une Californie, ni une
» Australie, ce n'est pas non plus un désert ouvert à
» tout venant, comme certains esprits à projet, se l'ima-
» ginent ; c'est un pays habité par 2 à 3 millions d'indi-
» gènes, où la propriété a ses droits écrits et tradition-
» nels, où nulle parcelle du sol n'est sans maître, et dont
» la France n'a pas entendu traiter les habitants comme
» les Peaux-Rouges, par le refoulement et l'extermina-
» tion.

» Ce pays, il est vrai, est d'une fertilité admirable, il
» produit des céréales en abondance, et il en produirait
» bien plus encore par de meilleurs procédés de culture :

» il peut, par conséquent, nourrir une population bien
» supérieure à celle qui l'habite aujourd'hui. Mais,
» remarquez-le bien, Messieurs, la race aborigène elle-
» même tend à s'accroître, et elle s'accroîtra, sans aucun
» doute, plus rapidement que la race européenne. N'est-
» ce pas l'effet naturel de la paix et de la prospérité
» matérielle, dont le peuple arabe reçoit aujourd'hui le
» bienfait si longtemps inconnu. Et d'ailleurs, constatons
» bien ce fait, que l'Arabe est en ce moment le véritable
» et pour ainsi dire le seul producteur de céréales, qu'il
» est en même temps le seul éleveur de bestiaux, que c'est
» lui qui nous fournit les chevaux et les mulets, en un
» mot; que nos ressources agricoles et militaires les plus
» précieuses viennent de lui.

» On peut dire avec raison que dans la population
» indigène résident aujourd'hui les forces vitales de notre
» établissement algérien. Ces forces peuvent-elles se
» déplacer ? Je ne le crois pas. Nous n'y avons d'abord
» aucun intérêt, car la colonisation européenne n'aurait
» rien à y gagner. C'est dans les riches cultures indus-
» trielles du coton, du tabac, du mûrier, de l'olivier, de
» la cochenille, etc., que celle-ci doit se frayer sa voie,
» parce c'est l'unique source de ces larges et rapides
» bénéfices qu'elle recherche avant tout. »

ASSIMILATION DE LA JUSTICE.

On répète depuis longtemps à satiété que les indigènes
ont plus de confiance dans la justice française que dans
la justice musulmane. C'est une erreur propagée par les
doctrinaires de l'assimilation, dont il se trouve un bon
nombre dans la magistrature algérienne.

Voici un fait entre mille, qui donnera une juste idée de
l'opinon des indigènes à cet égard.

Le 4 juillet 1872, comparurent devant la cour d'assises
d'Alger (il y avait des juifs dans le jury), les nommés
Mobarek ben Saad et ses trois fils, M'hamed, Abdallah
et Kouider, de la tribu des Ouled Ferah, annexée au

territoire civil d'Aumale, prévenus de meurtre sur les deux frères Ahmed et Saad ben Madhy, de la même tribu, dans une rixe pour un terrain contesté.

Sans entrer dans le détail des débats, je dirai que le vieux Mobarek ben Saad fut condamné à un an de prison et son fils aîné à 15 mois de la même peine, les deux autres furent acquittés. Par parenthèse, le vieux Mobarek mourut quelques jours après son entrée en prison.

La famille Mobarek ben Saad croyait avoir, par sa condamnation, payé sa dette à la justice, lorsque quinze mois après, à l'expiration de la peine, elle retomba sous la justice musulmane et se vit condamnée, le 25 décembre 1873, par le cadi d'Aumale, à payer aux héritiers Mahdy, la *Dia*, ou prix du sang. Appel fut fait de cette sentence du cadi à la Cour d'appel d'Alger, laquelle confirma, le 16 mars 1874, le jugement du cadi, en validant la jurisprudence du cheikh Sidi Khrelil et des jurisconsultes syriens, égyptiens et orientaux, invoquée par le cadi d'Aumale.

En sorte que, pour un même fait, les Mobarek ont subi une double condamnation, l'une par arrêt de la Cour d'assises, l'autre par sentence de la justice musulmane.

Les indigènes ne comprennent pas cette macédoine de deux juridictions, dont le résultat est de leur faire encourir deux peines pour le même fait, car le délai pour obtenir des dommages civils était expiré depuis 15 mois.

Ils n'ont recours à la justice française, que contraints et forcés. Ils n'en comprennent pas les lenteurs qui les mettent à la merci de la rapacité des avocats, qui ont des limiers chargés de dépister les plaideurs indigènes et les font attendre souvent plus d'un an la solution la plus simple, car les tribunaux sont presque forcés d'attendre le bon plaisir des avocats.

LES BUREAUX ARABES

Depuis longtemps, dans la presse algérienne et même dans la presse métropolitaine, les bureaux arabes ont été l'objet des attaques les plus vives et les moins motivées : on les a accusés d'avoir, sans cesse, apporté des obstacles à la colonisation et d'avoir suscité l'insurrection de février 1871.

La première de ces accusations tombe d'elle-même, puisque 525,000 hectares ou 5,250 kilomètres carrés ont été mis à la disposition des colons, et que sur ces 5,250 kilomètres carrés, on n'a pu, malgré les appels désespérés faits en France et en Europe, y installer que, environ 50,000 âmes de population agricole, y compris les femmes et les enfants, soit environ 10 par kilomètre, et qu'en comptant 45 à 50 mille Indigènes qui y sont restés, on n'a encore que 20 habitants par kilomètre au lieu de 30 à 55 comme dans les départements similaires de France, et, conséquemment, qu'il y manque encore environ 79,000 âmes de population vraiment agricole.

Quant à la seconde accusation, elle est calomnieuse, car plus de la moitié des officiers des bureaux arabes étaient absents de l'Algérie depuis plus de huit mois avant l'insurrection, ayant rejoint leurs régiments désignés pour faire partie de l'armée du Rhin, et que, sauf quelques-uns, la seconde moitié avait quitté l'Algérie avec leurs régiments rappelés en septembre, après Sedan, c'est-à-dire quatre mois avant l'insurrection.

Maintenant, il faut dire ce que sont, en réalité, les bureaux arabes, fort peu connus en France.

Après la prise d'Alger, on sentit le besoin d'entrer en relations avec les Indigènes autrement qu'à coups de fusil. Le premier bureau arabe fut créé au commencement de 1832, et sa direction fut confiée à M. le capitaine de Lamoricière qui s'était promptement familiarisé avec la langue arabe. On en forma successivement d'autres à mesure que notre domination s'étendait.

Enfin, en 1870, cette institution se composait :

D'un bureau central, dit politique, à Alger ;

De trois bureaux divisionnaires, à Alger, Oran et Constantine ;

De 45 bureaux répandus sur tout le pays arabe.

Ces 49 bureaux comprenaient environ 200 officiers y

compris les interprètes. Ils avaient sous leur direction un personnel de fonctionnaires indigènes composé de :

        8 khalifat.
        8 bach-agha.
       34 agha.
      656 caïd.
      ——
      706

Les officiers des bureaux arabes, outre leur solde du budget de la guerre, recevaient, en moyenne, une indemnité de 1,200 francs, payée sur les impôts arabes.

Quant aux fonctionnaires indigènes, ils recevaient le dixième de l'impôt arabe : c'est-à-dire, en moyenne, 1,800 francs, sur lesquels ils payaient leurs employés.

On s'étonnera toujours qu'à si peu de frais et avec un personnel si restreint, on ait pu gouverner 2,500,000 indigènes répandus sur plus de 20,000 lieues carrées.

Admettons cependant qu'on supprime les bureaux arabes, aussitôt se dresse la question *par quoi* les remplacera-t-on ? car il faut bien que les indigènes soient gouvernés. Je sais bien que les doctrinaires du régime civil, ont une réponse toute prête : *déclarez tout le territoire, territoire civil, divisez-le en départements, sous-préfectures, et tout sera dit, les bureaux arabes seront supprimés et remplacés par des agents civils.*

A cela, je répondrai par l'argumentation de M. le comte d'Harcourt ; elle a bien sa valeur.

Mais il y a encore une autre objection, à laquelle les doctrinaires ne pensent jamais : la question financière.

J'ai évalué le prix que coûtera l'installation de 100,000 familles européennes (près de 4 milliards). Penserait-on qu'un décret qui déclarerait que l'Algérie est divisée en départements, etc., aurait la vertu cabalistique d'attirer des colons possesseurs d'une somme de 5,000 fr. en numéraire ? Personne ne le pensera, et par la force des choses, les indigènes seront les vrais colons et les vrais paysans de l'Algérie, pourvu qu'on ne les opprime ni ne les spolie.

Autre objection : jamais les fonctionnaires civils n'auront sur les indigènes l'autorité des officiers des bureaux arabes, dont le prestige repose sur l'armée. Mais comme rien n'embarrasse les doctrinaires, ils demandent déjà qu'on arme les fonctionnaires civils de pouvoirs discrétionnaires ; alors où est la nécessité de remplacer les bureaux arabes ?

Il est donc impossible de supprimer les bureaux arabes, sans compromettre la sécurité du pays et sans charger outre mesure le budget colonial.

Mais si leur suppression est impossible, il n'en est pas de même des modifications à apporter à cette institution.

Jusqu'à présent, les bureaux ont admirablement fait leur devoir, savoir, le maintien dans la soumission des populations indigènes ; mais là ne devaient pas se borner leurs attributions. Dès l'instant qu'ils s'étaient chargés de l'administration des indigènes, ils avaient implicitement contracté l'obligation de les amener progressivement à la civilisation. Voilà ce que les bureaux arabes n'ont jamais assez compris.

J'ai sous les yeux un livre rédigé, en 1844, par la Direction centrale des bureaux arabes, sous l'approbation de M. le maréchal Bugeaud, et qui est leur code. Il n'y est question que de réglements de la police arabe, de l'établissement et de la perception de l'impôt et des amendes, mais aucune mention n'y est faite de l'emploi de ces fonds, si ce n'est pour dire qu'ils seront versés dans la caisse coloniale. Or, en consentant à se désintéresser de l'emploi de l'impôt arabe, les bureaux arabes se sont ôté volontairement et insciemment les moyens d'accomplir leur mission, et se sont réduits au rôle de limiers de la police et du fisc.

Voici un document officiel qui prouve l'exclusion presque absolue des Indigènes du bénéfice des impôts qu'ils paient ; il résulte, du discours prononcé le 28 février 1868, par M. le général de Wimpfen, président de la commission chargée de la répartition des secours aux Indigènes, après la famine de 1867 : « Les tribus arabes, » depuis leur soumission, *sont une des principales res-*

» *sources financières du pays. Les impôts qu'elles paient,*
» *les loyers de leurs marchés, les amendes dont on les*
» *frappe* vont dans les caisses de l'Etat *et alimentent les*
» *budgets spécialement affectés aux besoins des territoires*
» *civils.*

» Faut-il s'étonner *qu'une population ainsi traitée* et
» frappée, en outre, depuis quatre ans, par des calami-
» tés telles que les sauterelles, la sécheresse et le cho-
» léra, exige la dépense de quelques centaines de mille
» francs pour secours à cette partie de malheureux que
» présente toute société.

» Constatons, au contraire, la vitalité, la résistance
» énergique de ce peuple qui, appauvri par de longues et
» sanglantes luttes, *sans participation sérieuse aux bud-*
» *gets qu'il alimente,* vient seulement à la 38ᵐᵉ année de
» notre occupation réclamer une part d'assistance. »

Ce discours me frappa et je ne pus m'empêcher de faire
part de mes observations à un des officiers les plus in-
telligents des bureaux arabes, M. le commandant M...,
chef du bureau divisionnaire d'Alger, et d'ajouter : si les
bureaux arabes s'étaient réservé la disposition de l'impôt arabe, voici ce qu'ils auraient pu faire.

Depuis 1837, époque de la soumission de l'émir Abdelkader, les impôts arabes ont produit au moins 480
millions. Avec ces 480 millions, ils auraient pu ouvrir en
territoire arabe plus de 2,000 lieues métriques de routes
carrossables, à raison de 25 mille francs par kilomètre,
sous la direction du génie militaire et avec la main-d'œuvre arabe et militaire.

En négligeant ce puissant moyen de civilisation et d'assimilation, les bureaux arabes n'ont fait que continuer
le gouvernement turc.

« Vous avez complètement raison, me répondit M. le
» commandant M..., *car les Arabes sont vis-à-vis le ter-*
» *ritoire civil dans la même position où tomberait le dé-*
» *partement de l'Hérault, si on lui enlevait toutes ses res-*
» *sources financières pour en doter le département limi-*
» *trophe du Gard : évidemment* le département de l'*Hé-*
» *rault périrait !* »

Y aurait-il moyen de remédier à cet état de choses ?
ajoutai-je. — Il y en a un certain, c'est que le Gouvernement finisse par y renoncer pour entrer dans une voie
rationnelle.

CE QU'EST, EN RÉALITÉ, LE GOUVERNEMENT DE L'ALGÉRIE

Le gouvernement prétendu militaire, appelé emphatiquement *régime du sabre*, est encore aujourd'hui le *bouc
émissaire* sur lequel s'acharnent les journalistes, les pu-
blicistes, les députés de l'Algérie et ceux de l'opposition,
l'accusant d'être le seul obstacle à la colonisation.

On n'apprendra donc pas sans surprise que le *régime
du sabre* n'a jamais existé en Algérie.

Voici, d'après l'*Annuaire administratif de l'Algérie*,
parfaitement connu de ceux qui le travestissent en *régime
du sabre*, quelle est l'organisation du gouvernement de la
colonie.

Il consiste en deux conseils.

L'un, dit *conseil consultatif*, se composait avant 1870,
de douze membres.

Le Gouverneur général, président ;
Le Général, sous-gouverneur ;
Le Général, commandant supérieur du Génie ;
Le Colonel, chef du Bureau politique ;
Le Secrétaire général du Gouvernement ;
Le Procureur général près la Cour impériale ;
L'Inspecteur général des travaux publics ;
L'Inspecteur général des finances ;
Trois Conseillers rapporteurs ;
Un Secrétaire du Conseil.

Savoir, *quatre* membres militaires et *huit* civils. Sous
l'autorité de ce Conseil fonctionnaient les Préfets, Sous-
Préfets, Commissaires civils, Ingénieurs, Agents finan-
ciers, Maires, etc.

Le second Conseil, dit *supérieur*, se composait :

Des douze membres du Conseil consultatif ;

Des trois Généraux commandant les trois provinces ;

Des trois Préfets ;

Des trois Prélats ;

Du premier Président de la Cour impériale ;

Du Recteur de l'Académie ;

De six délégués des Conseils généraux ;

Savoir, sept membres militaires et vingt-deux civils.

Depuis 1870, l'élément militaire a été affaibli par la suppression du Général sous-gouverneur, et l'élément civil augmenté de douze délégués des Conseils généraux.

Tel est le gouvernement qu'on s'obstine à nommer *régime du sabre.*

CONCLUSION

Avant de tirer de tout ce qui précède une conclusion logique, il est absolument nécessaire de faire connaître à la France le danger qu'elle a couru de perdre l'Algérie, par suite des agissements du prétendu Gouvernement de la Défense nationale.

Il est hors de doute, d'après l'aveu des indigènes, que l'insurrection de 1871 a eu pour prélude et exemple celle de la population roulante de l'Algérie, et pour motif déterminant le décret illégal du 24 octobre 1870, qui a naturalisé en masse les juifs de l'Algérie.

Eh bien ! si la Prusse, personnifiée en M. de Bismark, dont l'unique pensée était d'affaiblir et d'humilier la France le plus possible, eût eu l'idée de prétexter que la domination de la France était antipathique aux indigènes et eût fait insérer dans le traité de paix qui nous enlevait la Lorraine et l'Alsace, la clause de l'évacuation et de l'abandon de l'Algérie, n'est-il pas certain que cette colonie eût été perdue pour la France, car vaincus que nous étions, quels moyens aurions-nous eus pour nous y opposer ? Aucun !

Ainsi, les excès de la population roulante, *en majorité étrangère,* et le décret du sieur Crémieux, qui n'avait d'autre but que de se créer un bourg pourri électoral juif en Algérie, ont failli faire perdre à la France une colonie qui, depuis 40 ans, lui a coûté tant de sang et d'argent.

Et qu'on ne vienne pas alléguer que la population française de l'Algérie n'a pas participé à ces excès. N'a-t-elle pas voté presqu'à l'unanimité, le 8 février 1871, l'élection du sieur Garibaldi comme un de ses représentants à l'Assemblée nationale ?

La stabilité de notre possession de l'Algérie dépend, en grande partie, de l'attitude des indigènes à notre égard ; or, cette attitude avait perdu beaucoup de son hostilité depuis le Sénatus-consulte de 1863 qui leur avait garanti leurs propriétés, lorsque le 4 septembre est venu tout remettre en question.

Il est donc de la plus grande importance de maintenir chez les indigènes des dispositions favorables, en supprimant tout ce qui est pour eux un grief permanent

A ce point de vue, il y a nécessité :

1° D'abroger le décret du 24 octobre 1870, qui a illégalement sauté pieds joints sur les lois de la naturalisation, en admettant au rang de citoyens français, les juifs de l'Algérie qui n'ont aucune valeur comme colons.

Si quelques législateurs méticuleux pensent qu'il y a quelque inconvénient à révoquer ce décret, qui aurait, disent-ils, créé pour les juifs une position civile nouvelle, je fais observer que cette objection perd toute sa valeur, si on fait remonter au 24 octobre 1870, l'époque de la naturalisation pour ceux qui se soumettront à la légalité, en sollicitant individuellement leur naturalisation.

2° D'abroger l'ordonnance de 1845 sur le séquestre, qu'avait abolie virtuellement le Sénatus-consulte de 1863, mais dont les séquestres de 1871 ont prouvé aux indigènes l'instabilité de notre justice.

3° D'ajourner indéfiniment les droits politiques en Algérie, et, par conséquent, la représentation de la colonie à l'Assemblée nationale. Il n'y a guère en Algérie que 129,000 Français, dont au plus 50,000 colons. Or, six députés pour 129,000 Français, constituent un député pour 21,000 âmes, tandis qu'en France, il n'y a qu'un député pour 50,000 âmes. D'ailleurs, les six députés proviennent presque tous du même corps électoral qui a élu le sieur Garibaldi en 1871 ; les propriétaires en sont généralement exclus, pour se voir préférer des avocats.

Dans une colonie naissante, on a besoin de travailleurs plus que de politiques.

Toutefois, si on ne juge pas à propos d'ajourner en Algérie les droits politiques, il faut absolument les accorder aux indigènes qui sont déjà admis dans les Conseils généraux et municipaux, et prouvent qu'ils ne sont nullement étrangers aux questions qui s'y traitent.

Au reste, leur présence dans les assemblées législatives serait d'un immense effet dans le pays, ce serait réparer à leurs yeux l'affront qu'on leur a fait de naturaliser les juifs seuls. Ce serait rappeler sans cesse à l'Assemblée une colonie d'un si grand intérêt pour la France.

4° D'ajourner aussi le jury, qui est encore une institution prématurée, car les jurés acquittent systématiquement tous les délits de la presse hostile à l'autorité, au point que M. le général Chanzy s'est vu forcé de mettre la commune d'Alger en état de siége, pour soustraire la presse au jury, mesure approuvée par l'Assemblée nationale, en dépit des efforts des députés algériens. Je renvoie, du reste, aux considérants du projet de loi proposé le 30 mai 1874, par M. le Président de la République, en y ajoutant que la présence des juifs dans le jury est un grief permanent pour les musulmans, auxquels il ne sera jamais possible de les rendre insensibles.

Toutefois, voici un fait plus concluant pour la suppression du jury en Algérie que tous les raisonnements théoriques. On lit dans l'*Akhbar* du 15 août 1875 (journal d'Alger), l'article suivant, sous le titre : *Simple question.*

« M. X. ou Z., traduit en cours d'assises pour un fait
» quelconque, mettons un délit de presse, est acquitté.

» Évidemment tant mieux pour lui. — Mais n'est-il
» pas surprenant de voir au sortir de l'audience, un cer-
» tain nombre de jurés qui viennent de l'acquitter, s'atta-

» bler avec lui sur la terrasse d'un café, en public, et
» trinquer à son heureux acquittement ?

» Le fait s'est passé récemment. Nous pourrions citer
» la ville et le nom du café.

» Eh bien, nous estimons que ceux de MM. les jurés
» qui se sont mis dans ce cas, ont absolument méconnu
» leurs devoirs et gravement compromis la dignité du
» mandat qui leur est confié. »

Et j'ajoute, pour démontrer l'affaiblissement de l'autorité, que cela a eu lieu alors que l'état de siége mis sur
la ville n'est pas levé et permet de déférer les délits de
presse aux tribunaux militaires ou peut-être aux tribunaux correctionnels.

Voilà comment la société se perd. Si l'autorité laisse
mettre son doigt dans l'engrenage des révolutions, tôt ou
tard le bras et le corps y passeront. N'est-il pas étrange
qu'une poignée de radicaux puisse faire la loi dans cette
Algérie créée par le sang de nos soldats ?

A ce sujet, qu'il me soit permis de mettre sous les yeux
de l'autorité un conseil fort sage, que j'ai lu dans un livre
moderne : « La révolte n'éclate que lorsqu'on néglige de
» montrer sa force. L'intérêt, la vanité, la passion, ne
» sont, en général, pour les hommes que des mobiles
» secondaires ; le premier et le plus général, c'est la
» peur ! Regardez bien et vous verrez que les gouverne-
» ments n'ont jamais succombé à cause de leurs crimes,
» mais à cause de leurs imprudences. Rien n'excite un
» peuple à la bonne volonté comme le bruit des canons
» qui roulent et les escadrons balayant les rues. Les hon-
» nêtes gens peuvent accepter une révolution quand elle a
» réussi, mais ce sont toujours les fous qui la commen-
» cent, et si vous les écrasez à temps, tout le monde
» criera qu'ils l'ont mérité. »

Mais outre ces quatre abrogations, il est d'autres mesu-
res aussi nécessaires à prendre. Je mets en première ligne
l'abandon définitif du système des concessions gratuites
de terres, pour former des centres de population. Comment se fait-il, qu'avec le besoin qu'éprouve l'Administration algérienne d'augmenter les revenus coloniaux, on

n'ait pas compris que la vente des terres disponibles était une ressource précieuse. L'expérience a prouvé que toutes les fois qu'on a mis des terres en vente, elles ont trouvé acheteurs, parmi lesquels les indigènes ne se sont pas trouvés les moins nombreux.

On ne tire parti que de ce qu'on achète et non de ce qu'on reçoit gratuitement. Sans en donner de grandes démonstrations, je me contenterai de citer une conversation que j'ai eue avec M. le Maréchal de Mac-Mahon : « Pendant que je commandais la subdivision de Tlemcen, » me disait-il, je reçus un jour l'ordre de ne plus livrer, » à titre gratuit, les arbres de la pépinière, mais de les » vendre. Cet ordre me paraissant contraire à l'intérêt » colonial, j'adressai à M. le Gouverneur général des » observations pour le faire révoquer, mais l'ordre fut » maintenu et je dus m'y conformer ; eh bien, cette me- » sure eut un résultat contraire à celui que je craignais : » lorsque les arbres étaient délivrés gratuitement, il en » mourrait 90 sur 100 ; lorsqu'ils furent vendus, il n'en » mourrait plus que 10 sur 100. On les soignait alors. »

Donner gratuitement des terres à des colons, même à ceux qui possèdent en numéraire une somme de 5,000 fr. nécessaire à leur premier établissement, ne suffit pas pour les faire prospérer, il faut encore qu'ils aient des res- sources pour les défricher, car il me paraît impraticable de dépouiller les indigènes de celles qu'ils ont mises en valeur, comme cela a été fait pour le Comité d'Hausson- ville. On ne séquestre plus, mais on exproprie.

Ainsi, je lis tous les jours sur les murs d'Alger des arrêtés d'expropiation *pour cause d'utilité publique.*

Où s'exerce cette expropriation ? — Sur les terres des indigènes, défrichées et cultivées par eux, mais qui ont le malheur d'être situées en territoire *dit civil.* — Quel est le motif invoqué judaïquement comme *utilité publique* ? Celui de créer des centres de population européenne. — Ainsi, on exproprie de leurs terres, des indigènes qui les tiennent de leurs pères et qui sont établis au milieu de nous depuis plus de 40 ans ; on juge qu'il y a *utilité pu- blique* à s'emparer des terres de ceux qui ont travaillé, pour les donner gratuitement à d'autres qui n'ont rien fait. On expulse les indigènes *pour les assimiler.*

Les considérants de la loi d'expropriation ne contiennent aucun motif semblable.

On promet des indemnités, mais ces indemnités équivaudront-elles, pour les expropriés, au dommage moral qu'ils éprouveront à s'éloigner de leurs foyers et à recommencer leur œuvre ? Où iront-ils pour être à l'abri d'une expropriation ultérieure ?

Tel est le *droit commun* que nous voulons imposer aux indigènes.

Les Prussiens n'ont pas, que je sache, exproprié les Alsaciens et les Lorrains pour donner leurs terres à des Allemands.

C'est de la spoliation, malgré le faux-vernis de légalité dont on la décore, spoliation qui aura pour résultat certain de nous aliéner de plus en plus les indigènes et d'aumenter le nombre de nos ennemis.

Une autre mesure à adopter c'est d'arrêter par tous les moyens possibles l'envahissement de la colonie par les Étrangers : l'Algérie ne doit pas devenir leur proie, et il ne paraît pas équitable que la France fasse les frais de l'assimilation du sol de l'Algérie à celui de la métropole, au profit des Etrangers dont nous n'avons nul besoin.

Qu'on consulte d'ailleurs les contribuables de France, qu'on leur demande s'ils veulent sacrifier des milliards au profit des Étrangers ? Leur réponse sera la règle à suivre.

La France ne doit plus être, selon l'ironique remarque d'un académicien : la *patrie* des Étrangers. Nous en avons trop souffert.

Si, dans les pages de cet écrit j'ai réussi à jeter quelque lumière sur la question algérienne, on doit comprendre que le moyen le plus sûr de nous assimiler les indigènes est d'assimiler le sol à celui de la France, par la création d'un réseau de voies de communication carrossables, ferrées ou autres.

Sans doute, on objectera que, pour cela, il est besoin de ressources financières que la colonie est encore loin d'offrir.

D'accord, mais, pour créer ces ressources, il ne suffit pas, comme le font les orateurs des conseils généraux et les rédacteurs des journaux de la colonie, de harceler l'autorité gouvernementale et administrative, pour hâter l'établissement de l'impôt foncier, sans indiquer quelque moyen pratique d'y arriver ; imitant ainsi ceux dont M. Duchâtel, ancien ministre, disait ironiquement que le meilleur orateur était celui qui avait le talent de développer le côté inutile des questions.

Qu'est-ce que l'impôt dont se forme le revenu de l'Etat ?

L'impôt est la portion que chaque citoyen donne de son avoir ou de son bien, pour avoir la sûreté de l'autre et pour en tirer tout l'avantage possible.

Conséquemment, en Algérie, toutes les terres indigènes ou autres traversées par une route carrossable doivent, dès aujourd'hui, l'impôt foncier ; celles où il n'en existe pas, ne le devront qu'au fur et à mesure de l'ouverture de ces routes ferrées ou autres.

Si on objecte qu'il y a ici contradiction, puisque l'impôt foncier ne produira des ressources qu'après l'exécution de travaux qui exigent des dépenses préalables, on oublierait alors le mécanisme du crédit et la recommandation expresse de la Lettre de l'Empereur qui imposait au gouvernement le devoir de favoriser les grandes associations de capitaux.

Une route carrossable peut desservir les terres situées à droite et à gauche jusqu'à la distance de 4 kilomètres.

Ainsi, une lieue métrique de route, dont le coût moyen peut être évalué à 100,000 fr., desservira une superficie de 32 kilomètres carrés ou 3,200 hectares, lesquels, frappés d'un impôt foncier moyen de 3 fr. par hectare, donneront un revenu annuel de 9,600 fr.

Or, qui douterait aujourd'hui de la possibilité de trouver des capitalistes pour faire l'avance de sommes dont le revenu ou l'intérêt est assuré, puisqu'on en trouve pour la mise à exécution de tant de projets qui ne profiteront qu'à leurs promoteurs ; ainsi on trouvera, à coup sûr, des dupes (je veux dire des actionnaires) pour établir un tunnel sous le détroit du Pas-de-Calais dont la seule utilité sera d'éviter une heure ou deux de mal de mer aux voyageurs de France en Angleterre et retour.

On trouvera donc des bailleurs de fonds pour l'établissement des routes ferrées ou autres, à la condition de leur laisser la jouissance de l'impôt foncier, jusqu'à remboursement par amortissement de leurs avances.

Voici un aperçu approximatif du revenu de l'impôt foncier qu'on pourra percevoir sans délai, pour les territoires déjà pourvus de routes.

420 kilomètres de chemin de fer d'Alger à Oran.

72   —   de Philippeville à Constantine.

492 kilomètres, pouvant desservir ou plutôt desservant déjà 433,600 hectares, produiront, à raison de 3 fr. par hectare, un revenu annuel approximatif de   1.300.000 fr.

En admettant un pareil résultat pour les voies non ferrées (environ 400 kilom.), on aura près de...................... 1.200.000

Total............. 2.500.000 fr.

Si on ajoute à cette somme le revenu de l'impôt foncier sur les immeubles des villes, on approchera sans doute de..... 3.000.000 fr.

Or, il n'existe aucune raison valable pour ajourner dans les villes, l'impôt foncier.

D'après ce qui précède, l'établissement, *d'un seul jet*, de l'impôt foncier sur toute la terre algérienne est une utopie irréalisable, il dépend de l'achèvement du cadastre. Or, peu de gens savent que c'est une œuvre qui, en France, a duré plusieurs siècles. Mais, s'il est impossible d'établir d'un seul jet l'impôt foncier, il y aurait niaiserie de l'ajourner partout où il est actuellement possible.

Une autre erreur, née dans des esprits ignorants et absolus, mais qui a fait son chemin dans beaucoup de bons esprits irréfléchis, est d'appliquer, sans délai, aux indigènes ce qu'ils appellent le *droit commun*, comme si le droit commun français était celui des indigènes musulmans.

Pour démontrer l'absurdité de cette prétention, au nom

de laquelle on commet tous les jours des injustices léga-
les, il suffit de renverser la proposition et de supposer
que ce sont les musulmans qui ont conquis la France et
veulent imposer aux Français le *droit commun musulman.*

Quelles ne seraient pas les objurgations de ceux qui
trouvent tout naturel d'agir de même envers les indigènes?

Quand on aura assimilé le sol à celui de la France, il
sera temps d'assimiler les esprits et les droits, et l'on n'y
trouvera nul opposant.

Demandez aux Alsaciens-Lorrains s'ils sont disposés à
accepter le droit commun prussien ?

TABLE DES CHAPITRES